AF338461

LES MYSTÈRES

DE LA

CASSETTE IMPÉRIALE

PAR

ANDRÉ RAIBAUD

PARIS

IMPRIMÉ PAR CHARLES NOBLET

RUE SOUFFLOT, 18

—

1871

LES MYSTÈRES

DE LA CASSETTE IMPÉRIALE

Ce qui fait la force de l'Empire, c'est que, depuis sa chute, on l'a combattu par le mensonge.

Le mensonge ressemble à ces fusils que les fournisseurs de la défense nationale donnaient à nos pauvres mobiles. C'est une arme redoutable — pour celui qui s'en sert. Tôt ou tard elle éclate dans ses mains. Quant à ceux contre lesquels on la dirige, elle les blesse rarement, ne les tue jamais.

Que de calomnies, en quelques mois, amoncelées sur la même tête !...

Tout d'abord, la légende de Sedan, qui fut le coup d'essai, qui resta le chef-d'œuvre. Démontrer au monde que l'homme auquel la France s'était docilement soumise pendant vingt années, dont elle venait de renouveler les pouvoirs par une sorte d'acclamation l'avait trahie ; qu'à l'heure du péril son cœur avait failli ; que comme lui ses maréchaux avaient manqué de courage, ce n'était sans doute pas rehausser le prestige du pays, mais c'était ruiner le prestige de l'Empire... et les partis n'en demandaient pas davantage ! Telle était alors la contagion de la démence qu'on vit un prêtre se plaisant à célébrer « la lâcheté » des généraux de César, et un académicien gentilhomme lui en faisant honneur :

M. de Pontmartin écrivait à la *Gazette de France* : « Le Père Marchal *a bien raison* de « s'écrier : O généraux, maréchaux, familiers « de César, souvenez-vous que, si la France « vous a gorgés d'or et d'honneurs, c'est qu'elle « comptait qu'à l'heure décisive vous sauriez « déployer pour son salut un peu de courage « avec un peu de génie. Or, elle vous a trouvés « ineptes et LACHES à l'heure du péril.» Lâche Le Bœuf, lâche Lebrun, lâche Bourbaki, lâche Douay, lâche Mac-Mahon ! Voilà ce qu'à cette heure d'égarement osait écrire le R. P. Marchal, et ce qu'osait approuver le comte de Pontmartin !

Qu'est-elle devenue cette légende de Sedan ? Elle a commencé à se dissiper le jour où l'armée d'Allemagne est rentrée, le jour où les témoins de ce grand désastre, soldats, officiers, généraux ont pu, ceux-ci dans la presse, ceux-là devant les commissions, d'autres dans leurs foyers, raconter la vérité comme ils l'avaient vue de leurs yeux, touchée de leurs mains. Il n'en reste plus rien dans les esprits honnêtes. A peine ces ordures traînent-elles encore dans quelques feuilles sans nom. Elles ont depuis longtemps disparu des étalages. La pudeur publique ne les y souffrait plus.

Mais ce premier mensonge, indispensable à l'établissement du 4 septembre, n'était que l'essai d'un système. Chaque jour les organes du gouvernement devaient produire quelque fable nouvelle. On ne saurait les rappeler toutes. Citons-en quelques-unes seulement, au hasard de nos souvenirs et pour donner un aperçu du procédé.

On annonce d'abord une grande découverte : c'est qu'à l'exception de l'attentat d'Orsini, tous les complots que la police impériale prétendait avoir déjoués étaient son œuvre. L'affaire de Blois était la dernière et la plus remarquable création de M. Pietri. Les bombes qu'il y avait fait figurer attendaient depuis dix ans dans ses magasins l'occasion de se produire. Beaury était son agent. Le gouvernement avait en main la preuve de tous ces faits et promettait de nous la fournir : « M. de Kératry, disait une « note adressée à tous les journaux, prépare « un rapport destiné à raconter la fabrication « du complot de Blois, avec de vieilles bombes « remontant au procès Greco. Ce rapport in- « criminera toute la magistrature, surtout, le « parquet impérialiste, et remontera jusqu'à « Emile Ollivier. » Or le gouvernement savait que le fait qu'il énonçait était absolument faux, que la promesse qu'il faisait ne serait pas tenue. Et tandis qu'il qualifiait Beaury d'agent de la police secrète, il le faisait sortir de prison et lui rendait la liberté comme à une victime de l'Empire (1).

Et, notez-le, parmi les membres du gouvernement qui accréditait ce mensonge, figurait M. Rochefort, le même qui, à l'époque du procès de Blois, avait écrit : « Il paraît évident que ces bombes ont été fabriquées, non pas pour servir à un attentat spécial, mais pour

______

(1) Ce qui n'empêche pas les journaux républicains de parler journellement de « *l'agent Beaury* » comme des « blouses blanches » de M. Pietri.

armer le bras de quelques soldats de la révolution le jour où le pouvoir exécutif, se révoltant contre la volonté du peuple, tenterait de lui opposer ses chassepots... Ces bombes explosives, en démontrant à tous la puissance des moyens que la science met au service de la révolution, relèveront plus d'un courage et démontreront que le jour approche où la seule force invincible ce sera la vérité. » (Le numéro 444, la *Marseillaise*, 5 mai 1870.)

Le lendemain, le public est informé qu'on vient de saisir à Dieppe, dans les bagages de la princesse Mathilde, trois caisses contenant 51 millions et des objets d'art enlevés à nos musées. Qu'en a-t-on fait? que sont devenus ces caisses, ces millions, ces objets d'art?

Mais voici bien une autre nouvelle : « Une série de documents établissent de la manière la plus authentique que l'ex-Empereur faisait fabriquer de faux billets de banque. » C'est l'*Electeur libre* qui nous l'apprend. Et il nous promet ces documents accusateurs. Or l'*Electeur libre* est le journal du ministre des finances. C'est celui-ci qui l'inspire et le renseigne. C'est son frère qui le rédige. MM. Picard pourraient-ils nous dire ce que sont devenus ces documents et pourquoi ils n'ont pas tenu leur promesse?

Grande rumeur : M. M. A. Pietri, ancien secrétaire de l'Impératrice, vient d'être arrêté. On a saisi sur lui, comme on saisira plus tard sur M. Filon, puis sur M. Rouher, « des papiers très-compromettants. » Où sont ces papiers? L'histoire les réclame. Qu'on les dépose aux archives !

Le monde artistique s'émeut à son tour en apprenant que des détournements considérables ont été opérés par le gouvernement déchu, dans les collections artistiques de l'Etat. C'est M. J. Simon qui l'affirme, en instituant une commission chargée de constater ces larcins et d'en dresser la liste. La liste n'a pas paru ; elle ne paraîtra jamais, et M. Jules Simon lui-même, appelé à déposer dans l'affaire Courbet, s'est vu forcé de reconnaître que l'administration impériale était « absolument pure » des faits dont il l'avait accusée.

L'empereur a placé à l'étranger des sommes considérables. Le *Journal officiel*, et après lui le *Moniteur des communes,* en publient le détail.

Titres de rente, obligations, immeubles, terrains, diamants, ils énumèrent tout ; et l'énumération est exacte. Ils ne se trompent que sur un point : le nom du propriétaire. Ce qu'ils donnent comme le compte des économies de l'Empereur, c'est le compte des biens du duc de Brunswick !

On n'est pas d'accord cependant sur le chiffre du trésor impérial. Les uns l'évaluent à 1,200 millions. Le *Bien public,* qui est consciencieux, ne parle que de 800 millions. « L'ex-Empe- « reur possède pour plus de *cent millions* de « propriétés, *en Italie seulement.* » C'est « un financier éminent » qui l'a dit à M. Vrignault.

Cette fortune colossale va servir à fomenter les intrigues, à soudoyer l'émeute. Cette opulente cassette va payer les fédérés de Belleville. C'est encore au journal de M. Picard que nous devons cette révélation. Il sait même le chiffre de la solde : « L'or bonapartiste est versé à « pleines mains. Au lieu de 1 fr. 50, il est « alloué aux gardes nationaux qui sont embri- « gadés *six francs* par jour. » D'autres, mieux informés, nous disent qui fait la paie. C'est M. Conti. « On l'a vu aux Batignolles distribuant de l'argent. » Qui lui expédie cet argent ?

Un journal légitimiste (1) reçoit à ce sujet, de Genève, les plus graves renseignements : « La « somme d'argent envoyée de Genève à Paris, « nous affirme-t-on, est de SEPT MILLIONS. *Ce* « *n'est pas sans quelques difficultés qu'on l'a fait* « *passer*. Peut-être les caisses ne sont-elles même « pas encore arrivées à destination. En tout cas, « le gouvernement de Versailles doit avoir été « avisé ; mais l'aura-t-il été à temps pour faire « opérer la saisie ? L'impératrice Eugénie est « arrivée, il y a peu de jours, à Genève ; *nous* « *pourrions, si nous le voulions, indiquer la mai-* « *son où elle est logée*. Napoléon III est attendu. « Les généraux Bazaine, Le Bœuf, de la Mos- « kowa, etc., sont dans la même ville. Mais la « forte tête de l'endroit est M. Pietri ; celui-là « réside depuis assez longtemps à Genève. Il « croit la partie déjà gagnée, et il se flatte que « dans un mois l'Empire sera rétabli. Pour

(1) *La Décentralisation*. — Son article est reproduit par tous les journaux légitimistes de France (sans compter les autres) avec des commentaires variés. Ainsi la *Gazette du Midi* le présente à ses lecteurs en ces termes : « *La Décentralisation* publie, au sujet de l'entente *qui existe* entre les insurgés et les impérialistes, d'intéressantes *révélations*. » Ces accusations dont nous ne donnons ici qu'un échantillon durèrent aussi longtemps que dura la Commune et se reproduisirent sous mille formes.

« cela, il faut que la Commune insurrection-
« nelle de Paris se maintienne encore pendant
« quinze jours ou trois semaines ; la plupart de
« ses membres, notamment Cluseret, travail-
« lent pour les Bonaparte. Ce délai passé, les
« Prussiens interviendraient à Paris, et M. de
« Bismarck rétablirait Bonaparte, le plus di-
« gne allié, le seul allié qu'il puisse avoir en
« France..... L'*Internationale*, dirigée par M. de
« Bismarck et les Bonaparte, a tenu, il y a trois
« jours, une importante réunion secrète à
« Genève. Il a été décidé que l'on enverrait
« partout des agents pour multiplier les insur-
« rections et les désordres, afin de forcer l'As-
« semblée de Versailles à éparpiller l'armée
« qu'elle a réunie. »

Les feuilles légitimistes se laissent entraîner
par leur haine imprudente sur un terrain
qu'elles devraient éviter. Leurs basses calomnies
rappellent des faits acquis à l'histoire, et dont
elles n'ont point intérêt à réveiller le souvenir :
les treize millions de diamants de la Couronne,
propriété de l'Etat, emportés à Gand par le roi
Louis XVIII (1).

(1) Voir pour les détails l'Histoire de Vaulabelle,
tome 2, p. 264, et *le Moniteur* du 29 mars 1815.

Les principaux personnages, de l'Empire rentrent en France pour diriger le mouvement insurrectionnel : « MM. Chevreau, Persigny, Rouher et Baroche viennent d'arriver à Paris (1). » Quoi ! M. Baroche lui-même !

Les morts, après six mois, sortent-ils du tombeau ?

Que viennent-ils faire ? On le devine. M. Rouher va s'entendre avec son ami Vermorel, « le pensionnaire des fonds secrets, » avec Assi, son ancien agent, « qui montait jadis les grèves du Creusot comme on monte une pendule, car *on sait* que certains *documents* ont établi *la preuve* que les grèves qui précédèrent le plébiscite étaient fomentées par les bonapartistes (2). » Et comme s'il voulait donner du poids à ces accusations, le gouvernement fait arrêter M. Rouher à Boulogne, où, depuis quatre jours, il est tranquillement installé, après avoir rempli toutes les formalités légales

(1) La *Cloche*, répétée par les journaux de toute nuance, surtout les journaux légitimistes.

(2) Le *Progrès de Lyon*, répété par les journaux de toute nuance, surtout les journaux légitimistes. Quelque temps après la Commune, au mois de juillet 1871, plusieurs journaux, notamment la *Liberté*, ressuscitant cette étrange facétie, prétendirent qu'Assi, ayant en main plusieurs lettres de M. Rouher, l'appellerait en témoignage. Il fallut que l'avocat d'Assi protestât !...

et prévenu le consul de France 'à Londres de son intention de rentrer en France. *M. Rouher vient d'être arrêté avec des malles scellées*, dit le télégraphe à la France indignée. Scellées ! Ce seul mot fait frissonner d'horreur. Est-il permis de ne pas voyager avec des malles ouvertes ? En faut-il davantage pour faire arrêter un homme et le convaincre de connivence avec l'émeute ? Mais que la République se rassure : *M. Rouher a promis de ne point prendre part aux troubles*, ose ajouter la dépêche officielle, *et on l'a conduit à la frontière !...*

Après l'émeute, l'assassinat. Les généraux Lecomte et Thomas sont fusillés. Quels sont leurs meurtriers ? « Sont-ce des communistes, des Prussiens ou des bonapartistes ? » demande une proclamation signée de tous les ministres; — même de M. l'amiral Pothuau !... M, Jules Favre laisse là ces artifices de langage. Il ne doute pas ; il affirme : « Le général Thomas était « un proscrit de décembre, dit-il à la tribune, « — ce sont les bonapartistes qui l'ont tué ! »

Les incendies ? Ce sont des mains bonapartistes qui les allument (1).

(1) « Au fond de tout cela, disait récemment la *Gironde*, il y a la main du bonapartisme, cette main visible déjà

La destruction de la colonne ? Idée personnelle de l'Empereur. Le *Siècle* va vous l'apprendre : « Il paraît qu'on aurait trouvé au
domicile de Dombrowski des papiers fort compromettants pour l'illustre Napoléon III... Dans
les lettres adressées à Dombrowski, l'ex-Empereur insisterait beaucoup sur la nécessité de
démolir la colonne Vendôme. »

Il y avait dans cette œuvre de diffamation
un tel ensemble, les journaux, qui se disent
conservateurs et religieux, se trouvaient si
bien d'accord sur ce point avec les feuilles démagogiques et les organes officiels que le doute
paraissait une naïveté, et que, du haut de la
Chaire de Vérité, un prêtre s'écriait : « Voilà
donc à quoi servent les milliards qu'on a dérobés à la France (1) ! »

Qu'un gouvernement, comptant parmi ses
membres M. J. Favre, M. Ferry, M. Rochefort, se complût à de pareils procédés, on
le comprend. On s'étonne, au contraire, de

dans les horribles incendies des édifices de Paris... »
Et ils demandent l'amnistie!...

(1) Le P. Didon, à Marseille.

voir ces traditions continuées par M. Thiers, qui s'était présenté au pays en disant : « Nous sommes un gouvernement de vérité ! » par M. Thiers qui, dans une page où il rappelait des calomnies analogues dirigées contre Napoléon Ier, avait écrit ces lignes mémorables :

« Il ne manque pas d'imbéciles et de misérables pour croire ces choses, et aujourd'hui l'on est presque honteux d'avoir à rappeler de telles suppositions. Ceux qui font ces inventions infâmes devraient quelquefois se placer en présence de l'avenir et songer au démenti que le temps leur prépare. »

L'avenir? C'est le présent qui, cette fois, se sera chargé de confondre les *misérables*, les *imbéciles*, les faiseurs d'*inventions infâmes*...Tout cela a à peine une année de date. Qu'en reste-t-il? A qui ces calomnies ont-elles fait le plus de tort? Qui en est le plus déshonoré? Sans doute, il reste encore quelques esprits troublés. Mais tous ceux qui ont l'âme haute rougissent de leur crédulité d'un jour et ne pardonnent pas aux hommes qui, pour capter leur tolérance, ont si grossièrement surpris leur bonne foi. Et cette réaction de la conscience publique constitue précisément cette conspiration bona-

partiste dont on a tant parlé et qui trouble,
assure-t-on, le sommeil de nos maîtres.

Un seul point restait peut-être à éclaircir.
Par sa nature même il échappait à l'investiga-
tion et la preuve matérielle en était difficile à
donner. L'Empereur avait-il économisé des
centaines de millions? l'Empereur avait-il des
trésors? Sans doute, les membres du gouvernement, ceux qui les approchent, ceux qui
constituent en un mot ce qu'on nomme le
monde politique, peuvent répondre à cette
question. Ils savent pertinemment que l'Empereur subvient avec peine aux obligations de
son rang; qu'il est moins riche, aujourd'hui,
que tel ou tel personnage du gouvernement
de la République, M. Pouyer-Quertier,
M. Thiers ou M. Casimir Périer, par exemple.

Mais le public n'est pas encore complétement
édifié sur ce point.

Beaucoup de gens s'imaginent encore, sans
songer à lui en faire un crime, que l'Empereur avait chaque année prélevé sur sa liste
civile et mis en réserve une somme importante.
Si le fait était exact, nous ne chercherions pas
à l'en justifier, une telle prévoyance nous pa-
raissant tout à fait légitime, et l'incorrigible

habitude qu'a le peuple français de renverser son gouvernement après une période de quinze ou seize ans, semblant devoir la conseiller au souverain le moins soucieux de sa fortune personnelle. Mais le fait est inexact, et dans l'intérêt de la vérité, nous voulons établir son inexactitude. Pour y parvenir, nous avons puisé aux meilleures sources. Nous nous sommes adressé au Trésorier de la cassette. C'est lui qui nous a communiqué les chiffres nécessaires pour prouver nos affirmations. Nous voyons d'ici sourire les contradicteurs systématiques. La source est suspecte; ces chiffres sont tracés par une plume amie; qui nous en garantit l'exactitude?... Qui? Le gouvernement actuel lui-même. Tous les comptes de la liste civile sont, en effet, dans les mains de ses agents. Ils pourront servir à rectifier nos erreurs s'il s'en trouve dans notre exposé. Voulant être d'une sincérité absolue, nous avouons que sur certains points de détail (où il a fallu suppléer aux états officiels absents par des notes particulières, quelquefois par des souvenirs), il n'est pas impossible que nous en ayons commis.

Mais elles ne sauraient, en tout cas, modifier le résultat total et les conclusions de notre travail que d'une façon insignifiante :

La liste civile se composait de deux parties bien distinctes.

La première et de beaucoup la plus considérable était moins affectée au service personnel du souverain qu'à de véritables services d'Etat. Elle répondait à des nécessités permanentes. En brisant le trône, on n'a pas fait disparaître les dépenses d'intérêt public, auxquelles elle était chargée de pourvoir. On a pu supprimer les services d'honneur, les pensions des parents de l'Empereur ne faisant pas partie de la famille impériale et les gratifications d'habillement aux officiers subalternes entrant dans la garde (gratifications qui s'élevaient à la somme de 85,000 francs par an). Mais tout le reste a dû être maintenu.

On ne pourrait rien retrancher, par exemple, du chapitre Ier, ainsi composé :

I. Personnel des palais impériaux
et dépense de régie........... 2,201,000
II. Mobilier de la Couronne....... 1,386,000

(1) Le nombre des palais et châteaux entretenus par la liste civile était de vingt et un, savoir: les Tuileries, le Louvre, Palais-Royal, Hôtel de la rue de Courcelles, l'Elysée, Saint-Cloud, Villeneuve-l'Etang, le grand et le petit Trianon, Meudon, la Malmaison, Rambouillet,

III. Palais, Bâtiments et Jardins (Travaux d'entretien et grosses réparations)........ 3,059,000
IV. Forêts et domaine............ 1,152,000
V. Eaux de Versailles, de Marly et de Saint-Cloud............... 488,000

Compiègne, Pierrefonds, Fontainebleau, palais de Marseille, palais de Strasbourg, la villa de Biarritz, Versailles, le Pavillon de Breteuil, château de Pau.

(II) Parmi ces bâtiments, les châteaux de Biarritz, de Marseille et de Pierrefonds ont été entièrement construits par l'Empereur. Le palais de l'Elysée a subi une reconstruction presque complète qui a coûté 4,278,000 francs. Le domaine de la Malmaison a été acquis pour un million. Enfin la plupart des palais ont été restaurés et enrichis; entre autres le château de Pau, et le Palais-Royal dont les abords ont été agrandis devant le Théâtre-Français, opération qui a coûté, avec l'ameublement, 3,996,940 francs. Le château de Marseille a coûté 1,740,000 francs.

(III) L'ameublement de tous les palais, dont plusieurs avaient été dévastés pendant la révolution de février 1848, a été refait et amélioré.

(IV) Le reboisement, l'assainissement, les améliorations et le percement des routes dans les forêts ont occasionné une dépense de 3,425,580 francs.

Le remplacement de l'ancienne machine de Marly par cinq grandes roues hydrauliques, qui peuvent élever de 15 à 16,000 mètres cubes d'eau en vingt-quatre heures, a coûté 4,200,000 francs.

VI. Musées impériaux............... 725,000
VII. Manufactures impériales, Gobe-
     lins, Beauvais et Sèvres........ 945,000
VIII. Bibliothèque des Palais......... 150,000
IX. Etablissements agricoles créés
     par l'Empereur............... 950,000

On ne pourrait, sans s'exposer à de cruelles injustices, supprimer le chapitre III (*Dons de munificence*), c'est-à-dire :

Service des dons et secours........ 1.200,000
Pensions accordées par l'Empereur.. 600,000
Subventions pour porter au chiffre de

(VI) Création au musée du Louvre de 53 salles nouvelles, livrées au public et à l'étude.

(VII) Création d'ateliers nouveaux à la manufacture de Sèvres et application de nouveaux procédés de fabracation.

(IX) Des fermes modèles ont été créées en Sologne, dans le Limousin, dans les Landes et dans les départements voisins de Paris.

Dans les Landes de Gascogne, un village a été fondé avec son église, son presbytère, sa mairie, son école, quarante-deux maisons d'ouvriers. Quinze mille hectares de terre inculte ont été mis en valeur et parfaitement coupés de routes, de canaux et de fossés d'assainissement.

600 francs pour la pension des sous-
officiers et soldats amputés à la
suite de blessures reçues à la guerre,
etc. etc...............................   750,000

Ce qui prouve, pour le dire en passant, qu'on trompe le public en lui faisant croire que la suppression de la liste civile allége le budget d'une somme de trente millions !

Quoi qu'il en soit, cette première partie de la liste civile avait un budget fixe. Elle était administrée par le Ministère de la Maison de l'Empereur selon les règles ordinaires de la comptabilité publique et soumise au contrôle d'une commission composée du premier président de la Cour des comptes, de deux conseillers d'État, deux conseillers maîtres et cinq auditeurs. Ce n'était pas de ce côté, on le comprend, que Napoléon III eût pu faire des économies.

La seconde partie, sous le nom de Cassette particulière, constituait le domaine propre de l'Empereur. Elle était administrée par un agent qui relevait directement du souverain : le trésorier de la cassette.

La dotation annuelle était de 5,400,000 fr.

5,400,000 francs perçus pendant dix-sept ans et sept mois (nous comptons du 1er janvier 1853, puisque l'Empire date du mois de décembre 1852) font 95 millions de francs.

Quatre-vingt-quinze millions sont assurément une jolie somme. Si l'Empereur l'avait mise de côté, il aurait aujourd'hui le trésor d'un Rothschild. Rien ne l'en empêchait. Il eût pu fort légitimement le faire. L'a-t-il fait? A-t-il gardé ces 95 millions? En a-t-il gardé la moitié? le quart seulement? C'est ce que nous allons examiner en faisant connaître au public l'emploi détaillé de ces 95 millions, tel qu'il est attesté, nous le répétons, par les comptes que les agents du gouvernement actuel ont dans leurs mains.

CASSETTE PARTICULIÈRE DE L'EMPEREUR

Pensions accordées à d'anciens militaires, à d'anciens fonctionnaires, à des familles malheureuses, s'élevant, indépendamment des 400,000 fr. portés au budget général, à la somme annuelle de 450,000 fr. pendant 17 ans 7 mois.....................	7,912,500
A reporter...	7,912,500

Report....	7,912,500
Fonds destinés à donner des secours aux parents des enfants nés le même jour que le Prince Impérial (16 mars 1856), pendant 14 ans 5 mois....................	1,730,000
Subventions de 40,000 fr. par an, concédées provisoirement à des personnes attendant leurs nominations à des débits de tabac, pendant 17 ans 7 mois...	703,300
Frais d'éducation de jeunes orphelins placés par la liste civile dans des établissements d'instruction. 400,000 par an, pendant 17 ans 7 mois...........	703,300
Allocation annuelle de 20,000 fr. é l'établissement du Mont-St-Michel. Elle n'a été payée que pendant 6 ans.................	126,000
Subvention annuelle de 15,000 fr. à l'hospice de Versailles, pendant 17 ans 7 mois...........	263,700
Allocation annuelle de 12,000 fr. à la Société de la charité maternelle, pendant 17 ans 7 mois...	211,000
Allocation annuelle de 150,000 fr. pour incendies, grêles, etc., etc.,	
A reporter...	11,649,800

Report....	11,649,800
pendant 17 ans 7 mois...........	2,637,500
Inondation extraordinaire du Rhône et de la Loire.........	500,000
Cautionnements accordés à d'anciens militaires entrés par suite de blessures dans l'administration des finances..............	200,000
Don à la banque des sociétés coopératives de Paris............	500,000
Don à la banque des sociétés coopératives de Lyon.............	300,000
Don, déposé à la caisse des dépôts et consignations, pour la société de secours mutuels des anciens militaires.............	500,000
Création, sur le boulevard Mazas et avenue Rapp, de maisons ouvrières, à bon marché........	500,000
Don à la société ouvrière de Paris de 42 maisons..............	280,000
Don à la société ouvrière de la ville de Lille...............	100,000
Création de maisons ouvrières à Bayonne....................	30,000
Don à la ville d'Orléans d'une maison de convalescence......	90,000
Allocation pour la création de	
A reporter...	17,287,300

Report....	17,287,300
12 lits à l'hôpital des Incurables.	150,000
Subvention annuelle de 20,000 fr. à la société du Prince Impérial pendant dix ans...............	200,000
Desséchement des marais d'Orx (Landes)......................	2,500,000
Allocation aux trappistes pour le desséchement des Dombes (Ain).	430,000
Allocation aux trappistes de la Dordogne et de l'Allier........	100,000
Ensemencement des dunes de la commune d'Augle (Basses-Pyrénées)	80,000
Construction des fermes du camp de Châlons et cheptel.........	3,000,000
Achat de la ferme de Boukandoura et défrichements (Algérie)...........................	350,000
Reconstruction de la terre de la Châtaigneraie près Saint-Cloud.	800,000
Fertilisation des landes de Bretagne, création d'un hospice, d'une maison d'école à Korn er Houet.	300,000
Allocations pour les chemins vicinaux des Basses-Pyrénées....	200,000
Don de charrues à vapeur au gouvernement de l'Algérie.........	80,000
A reporter...	25,477,300

Report...	25,477,300
Subvention annuelle de 30,000 fr. pour le théâtre militaire du camp de Châlons pendant quatorze ans...................	420,000
Création du quartier impérial au camp de Châlons.............	300,000
Paiement d'une partie des dettes de la commune de Mourmelon (camp de Châlons).............	60,000
Paiement de la totalité des dettes de la commune de Saint-Cloud.	380,000
Subvention à l'église de Saint-Cloud......................	400,090
Subvention pour la construction des églises de Plombières, Biarritz, Rueil, Saint-Leu, Suippes, Rambouillet, Saint-Sauveur, etc.	3,200,000
Allocations pour maisons d'école dans beaucoup de communes..	1,200,600
Allocations pour les hôtels de ville de Compiègne et de Pierrefonds......................	50,000
Travaux d'utilité et d'embellissements à Plombières et à Vichy.	300,000
Reconstruction complète du château de Pierrefonds...........	3,500,000
Achat du palais des Césars et	
A reporter....	35.287.900

Report...	35,287,900
fouilles..........................	400,000
Création du musée de Saint-Germain, moulage de la colonne Trajane, de l'arc de triomphe de Constantin, fouilles à Alise, à Bibrach......................	400,000
Don à la bibliothèque impériale des médailles de Tarse.,.......	50,000
Don d'un bateau à vapeur à la ville d'Annecy..................	100,000
Achat d'anciennes armures pour le cabinet de Pierrefonds.........	350,000
Dons diplomatiques, tabatières, bijoux pour les artistes. 100,000 francs par an, pendant 17 ans 7 mois.....................	1,758,300
Dégagement du Palais de l'Élysée et construction de la rue de l'Élysée.....................	1,000,000
Dons de médailles en or et de bannières pour les concours régionaux, prix pour tir au fusil et à la carabine, les compagnies d'archers et de pompiers, 50.000 francs par an, pendant 17 ans 7 mois.....................	879,100
Achats de pierres précieuses	
A reporter...	40,225,300

Report...	40,225,300
, ajoutées aux diamants de la couronne	100,000
Achats de bijoux pour l'Impératrice lors de son mariage......	3,600,000
Dons à divers industriels et prêts à des commerçants, à des sociétés telles que sociétés de touage, ateliers de physique, industrie des châles, 500,000 fr. par an pendant 17 ans...............	8,500,000
Subventions pour venir au secours de personnes ne pouvant faire face à leurs engagements.	2,700,000
Allocation à l'Impératrice pour des œuvres de bienfaisance, 600.000 fr. par an pendant 16 ans 7 mois..................	9,950,000
Achats de tableaux et d'objets d'art, 200,000 fr. par an pendant 17 ans 7 mois...............	3,516,600
Encouragements aux sciences et aux inventeurs, recherches sur l'électricité, l'aluminium, l'emploi du pétrole. Subvention pour l'exploitation des mines de phosphate de chaux, pour la construction, des machines à vapeur	
A reporter...	68,591,900

Report...	68,591,900
à l'ammoniaque, pour les essais de chemins de fer de l'ingénieur Girard et de celui à un rail de l'ingénieur Larmanjard, publication des œuvres du célèbre épigraphiste Borghesi et du savant Foucault. 300,000 par an pendant 17 ans 7 mois............	5,275,000
Souscription en faveur de l'expédition au pôle nord de M Lambert........................	50,000
Création de l'atelier de Meudon, expériences d'artillerie, construction de mitrailleuses, du nouveau canon de 7, de wagons blindés. 100,000 fr. pendant 10 ans....	1;000,000
Achat de deux hôtels, pour les ministres sans portefeuille.....	1,200,000
Chaloupes à vapeur, essais de chaloupes canonnières, canots de sauvetage........................	200,000
Gratifications aux jours de l'an et aux anniversaires, 30,000 fr. par an pendant 17 ans 7 mois..	527,500
Subventions pour des œuvres littéraires, publications diverses..	2,200,000
Gratifications aux sociétés de se-	
A reporter...	79,044,400

Report...	79,044,400
cours mutuels et aux bureaux de bienfaisance dans les villes visitées dans les voyages de **LL. MM.**, 200,000 fr. par an pendant 17 ans et sept mois....	3,516,600
Gratifications annuelles de 50,000 francs donnés par les aides de camp de service aux soldats blessés, attendant pendant plusieurs mois la liquidation de leurs pensions, pendant 14 ans.	700,000
Voyages en Algérie et gratifications aux Arabes............	900,000
Achats et dépenses aux expositions 1855 et 1867............	600,000
Construction d'un quai en pierres à Biarritz.................	120,000
Achat de la bibliothèque de Henri IV, pour le château de Pau.................	40,000
Dons de munificence à des familles malheureuses, dots pour des mariages, cadeaux pour des baptêmes.................	4,000,000
Dépenses personnelles de l'Empereur, 100,000 fr. par an, pendant 17 ans 7 mois...........	1,758,000
A reporter.,.	90,679,000

Report...	90,679,000
Dépenses personnelles de l'Impératrice, 100,000 fr. par an, pendant 16 ans et 7 mois.........	1,658,300
Éducation du prince Impérial, 100,000 par an, pendant 14 ans.	1,400,000
Création de fourneaux économiques dans Paris et dans d'autres villes..................	200,000
Don à la Société fondée par le marquis d'Audiffret pour la diffusion des bons livres.............	50,000
Total........	93,987,300

Tels sont les mystères de la cassette impériale! Tel est le gaspillage effréné qui scandalisait si fort les puritains du 4 septembre : des pensions, des secours, des encouragements aux arts qui font la gloire et la prospérité des Etats! Combien le rapporteur de la commission chargée de l'examen du sénatus-consulte relatif à la liste civile avait eu raison de dire :

« La France sait que cette partie de la for-
« tune publique lui sera restituée avec usure,
« parce qu'elle servira à seconder tous les élé-

« ments de la richesse nationale, à encourager
« l'agriculture, le commerce, l'industrie, les
« sciences, les arts, et qu'en même temps l'in-
« telligente et inépuisable générosité du sou-
« verain continuera à être la providence des
« classes souffrantes. »

Il est sans doute aisé de déclamer contre les
millions de la liste civile. Il le serait moins de
prouver qu'en les rayant du budget la France
ait jamais réalisé une économie. Il serait bien
facile d'établir au contraire que les périodes
pendant lesquelles elle n'eut pas à payer cet
impôt, furent pour elles les plus dures à tra-
verser et les plus onéreuses. Il serait bien facile
d'établir que des époques comme celles de la
Terreur, de Juin 1848, de la Commune de 1871
et les conséquences économiques qui en décou-
lent, coûtent cent fois plus cher à un pays que
cette prime d'assurance contre l'anarchie qui
s'appelle la liste civile d'un empereur ou d'un
roi. M. de Girardin appréciait en ces termes les
résultats de la révolution de février : « On a
ruiné tout le monde, le pauvre qui travaillait
et le riche qui faisait travailler... On a si bien
fait que l'actif national a subi en quarante jours
une dépréciation *de plus de vingt milliards.*»
Qu'on juge, d'après cette évaluation, ce que la

révolution du 4 septembre a pu coûter au pays!... Mais nous nous laissons aller à démontrer les avantages de la monarchie sur la république. Tel n'était pas le but de ce travail. Nous voulions simplement établir (et nous l'avons fait) qu'après dix-sept ans de règne l'Empereur pouvait avoir en réserve quarante, soixante, quatre-vingts millions, fruit d'économies fort avouables, — mais qu'il ne les a pas, parce qu'il les a donnés.

Nous souhaitons à tous les régimes d'offrir le même exemple !

Imprimé par Charles Noblet, rue Seufflot, 18.